मनमंजरी

शब्दों की छाँव में

DIVANSHU GOYAL

BookLeaf Publishing

India | USA | UK

Dedication

इस संकलन के हर शब्द, हर एहसास को समर्पित करता हूँ—
उन लम्हों को जिन्होंने मुझे गढ़ा,
उन अश्कों को जो शब्द बनकर बह निकले,
उन हँसियों को जो हर मुश्किल में संबल बनीं।

मेरे अपनों को, जिन्होंने मेरे जज़्बात को समझा,
और उस ईश्वरीय शक्ति को, जिसने मुझे यह अभिव्यक्ति दी।

विशेष रूप से, अपनी जीवनसंगिनी को,
जो मेरी हर भावना का पहला श्रोता और हर कविता की प्रेरणा बनी।

यह पुस्तक मेरी यात्रा का प्रतिबिंब है,
एक एहसास, जो दिल से निकला और शब्दों में ढल गया।

Preface

शब्द, मात्र अक्षरों का संयोग नहीं होते, बल्कि वे हमारे अनुभवों, भावनाओं और जीवन की गहराइयों का प्रतिबिंब होते हैं। "मनमंजरी – शब्दों की छाँव में" मेरे हृदय से निकली उन्हीं अनुभूतियों का एक संग्रह है, जिसमें जीवन के विभिन्न रंग, रिश्तों की गूंज, बीते पलों की मिठास और समय के साथ बदली संवेदनाएँ समाहित हैं। यह केवल कविताओं का संकलन नहीं, बल्कि एक यात्रा है—एक आत्मीय संवाद, जिसे मैंने अपने जीवन के सफर में जिया और महसूस किया है।

पेशे से एक इंजीनियर हूँ, परन्तु शब्दों से मेरा लगाव किसी गणना से परे है। हिंदी और उर्दू साहित्य में रुचि रखते हुए मैंने लेखनी को अपनी भावनाओं और अनुभवों का माध्यम बनाया। यह पुस्तक मेरी उसी यात्रा का प्रतिबिंब है—कभी अनगढ़, कभी परिष्कृत, लेकिन हमेशा दिल से निकली हुई।

इन कविताओं में ज़िन्दगी के हर रंग, हर पड़ाव, और हर एहसास को समेटने की कोशिश की गई है। कुछ रचनाएँ अतीत के झरोखों से झाँकती हैं, तो कुछ वर्तमान की धड़कनों को समेटे हुए हैं। आशा है कि यह संग्रह पाठकों के हृदय में भी वही भावनाएँ जगाएगा, जो मैंने इसे लिखते समय महसूस कीं।

कविता मेरे लिए केवल शब्दों का संयोजन नहीं, बल्कि आत्मा की अभिव्यक्ति है। यह मेरे विचारों, अनुभूतियों और सपनों का दर्पण है, जिसमें कभी मन की गहराइयाँ झलकती हैं तो कभी जीवन की

सरलता। इस पुस्तक के माध्यम से मैं अपने पाठकों को उस दुनिया में ले जाना चाहता हूँ, जहाँ भावनाएँ खुलकर साँस लेती हैं और शब्द एक पुल की तरह दिलों को जोड़ते हैं।

आप सभी के साथ इस यात्रा को साझा करना मेरे लिए सौभाग्य की बात है।

Acknowledgements

इस पुस्तक "मनमंजरी – शब्दों की छाँव में" के रूप में मेरे हृदय की भावनाएँ, मेरे जीवन के अनुभव, और मेरी आत्मा की अभिव्यक्ति आप सबके सामने प्रस्तुत हैं। यह यात्रा अकेले तय नहीं हुई—यह उन सभी अपनों का आशीर्वाद, मार्गदर्शन और प्रेम है, जिन्होंने हर मोड़ पर मेरा साथ दिया। ये यात्रा पिछले 15 वर्षों से कच्ची पक्की अनर्गल रचनाओं से शुरू हुई यात्रा है, जो हर कदम पर सीखने की चाह के साथ निरंतर अग्रसर है |

सबसे पहले, मैं अपने माता-पिता को नमन करता हूँ, जिन्होंने मुझे शब्दों से प्रेम करना सिखाया और जीवन के हर कठिन दौर में मेरा संबल बने रहे। उनके संस्कार और सीख ही मेरी लेखनी की प्रेरणा हैं।

मेरी जीवनसंगिनी सोनल, जिनकी अटूट आस्था और स्नेह ने मुझे निरंतर लिखने एवं संकलित करने का पूर्ण साहस दिया। उनकी मुस्कान और साथ मेरी सबसे बड़ी ताकत है।

मेरे पुत्र शर्विल को, जिसकी मासूम हँसी और नटखट बातें मेरे जीवन को एक नई रोशनी और ऊर्जा से भर देती हैं। उसका भविष्य ही मेरे हर शब्द की प्रेरणा है।

उन सभी मित्रों और शुभचिंतकों का हृदय से आभार, जिन्होंने मेरे शब्दों को सराहा, मेरा मार्गदर्शन किया, और मेरी लेखनी को निखारने में योगदान दिया।

अंत में, मैं उस अनदेखी शक्ति का आभार मानता हूँ, जो शब्दों को मेरे मन में प्रवाहित करती है और कागज़ पर उतरने का साहस देती है।

मैं अपने पाठकों को धन्यवाद देना चाहता हूँ, जो इस पुस्तक के माध्यम से मेरी भावनाओं से जुड़ेंगे। यदि मेरे शब्द आपके हृदय की किसी कोमल भावना को छू पाएँ, तो मैं अपनी रचनात्मक यात्रा को सफल मानूँगा।

सप्रेम,
दिवांशु गोयल

कृष्ण

हे कलयुगी पार्थ!
किस भ्रम में तू जीता जाता है,
विषय भोग वासनाओं के,
वश में बीता जाता है,
उठा गांडीव, हुंकार अटल ले,
रथ पर खुद को चलना होता है,
यहाँ धर्म की राह दिखाने,
अब कोई कृष्ण नहीं आता है,

बिसात सज रही चौसर की,
राजा सब हारा जाता है,
धृतराष्ट्र कानून की भांति,
मूक खड़ा रह जाता है,
यहाँ द्रोपदी की लाज बचाने,
अब कोई कृष्ण नहीं आता है,

सत्यता वनवासिन हुई,
कपटी सिंहासन ले गया,
द्वापर तो सब मिथ्या ही था,
कलयुग का उद्भव हो गया,

अब यहाँ अन्याय, अधर्म से,
खुद को ही लड़ना होता है
धरा दुष्ट से मुक्त कराने
अब कोई कृष्ण नहीं आता है।

नज़र

तुम नज़र के सामने हो, मैं ग़ज़ल पढ़ता हूँ
चुप क्यूँ हो कुछ बोल दो, मैं सबर करता हूँ आज,

उस अदालत ने सुना दी, अब सजा-ऐ-मौत मुझे,
अँखियों को निचोड़ लो तुम, मैं खबर पढ़ता हूँ आज,

इल्म है हमको भी तेरी खैरियत का ऐ ज़मील,
रख दो सर अब गोद में तुम, मैं दवा करता हूँ आज,

मुख्तसर सा ख्वाब है ये,वक़्त की तन्हाई में
तुम ये रख लो दिल मेरा तो मैं वफ़ा करता हूँ आज,

तुम मुझे वो बोल दो तो मैं नशे में अब रहूं,
बस नजर से देख लेना, सब नज़र करता हूँ आज |

गाँव और शहर

मिट्टी की ख़ुशबू, वो कच्चे से घर नहीं,
शहरों में अब वो मोहब्बत के दर नहीं।

पेड़ों की छाँव थी, चौपालों की रौनक़,
बत्तियों की दौड़ में वो रहगुज़र नहीं।

गाँव की शामें थीं, तारे थे संग में,
रोशनी तो बहुत है, मगर दोपहर नहीं।

बचपन जो भागा था, नदियों किनारे,
काँच की इमारतों में वो असर नहीं।

खेतों में मेहनत थी, सादगी का मौसम,
बाज़ार की दुनिया में वो बशर नहीं।

शहरों में रहकर भी दिल ये पुकारे,
गाँव का अपनापन अब फिर उधर नहीं।

तराने

क्यूं आज ये तराने तेरे होंठों पे सज रहे हैं,
तुम भी समझ रहे हो, हम भी समझ रहे हैं।

उस कली से पूछो, क्यूं खिली है इस सहरा में भी,
तुम भी बरस रहे हो, हम भी बरस रहे हैं।

सूरत जब भी देखो आइने में तो चले आना इधर,
तुम भी तरस रहे हो, हम भी तरस रहे हैं।

और ऐसे तो न तुम जा पाओगी, न मैं,
तुम भी पलट रहे हो, हम भी पलट रहे हैं।

आज नजदीक हो इतनी कि सांसों से देखो,
तुम भी पिघल रहे हो, हम भी पिघल रहे हैं।

तोंद

हे मेरी तोंद !
गणित के किस अंक पर जाकर,
तृप्त होगी आपकी चौड़ाई,
जमा और गुणा के सूत्रों से सौहार्द रखने वाली,
विभिन्न प्रकार के भोजनों का लेखा जोखा रखने वाली,

हे शारीरिक चित्रगुप्त !
समस्त काया के बोझ को,
अनायास प्रदर्शित करने वाला अंग,
शरीर में कोई दूसरा नहीं है,
अतः आपकी महिमा अपरंपार है |

हे बोझवाहक !
किसी भी दूरी से दिखाई देने की ,
आपकी क्षमता अतुलनीय है,
ईश्वर की सर्वोत्तम कृति |
परन्तु हे सर्वोच्च, क्षमा करें,
आपके विकराल रूप के कारण,
हमारे सारे वस्त्र तुच्छ प्रतीत होते हैं,
कृपा करके बाकी और भाग के

सूत्र भी अपना कर देखें |
आप सदैव पूजनीय रहेंगी |

हार न अब तू मान लेना

राह में पाषाण युग है,
श्वान भूँकते अनवरत हैं,
परिस्थितियों की वक्र रेखा,
सर्पदंश यहाँ अनगिनत हैं,
काल का तू पी हलाहल,
समय की हुंकार लेना,
कंटकों पर चलने वाले, हार न अब तू मान लेना।

भ्रम का धूमकेतु अडिग है,
विषमताओं का पाश है,
सत्य से हो रहा प्रवंचन,
विचलित हुआ विश्वास है,
आभास हो यदि देह शिथिलता,
स्वयं को पुकार लेना,
कंटकों पर चलने वाले, हार न अब तू मान लेना।

लक्ष्य को तू हो समर्पित,
पथ भी कर ले अब चिन्हित,

कर आरम्भ गंतव्य को,
तनिक भी तू हो ना विचलित,
प्रलय के सम्मुख खड़ा हो,
मेघ सदृश आकार लेना,
कंटकों पर चलने वाले, हार न अब तू मान लेना।

इबादत की स्याही

वो नज़्म मेरी,
जो तेरे अश्कों से भीग गयी है,
धूप में रखी है सुखाने को,
और फिर इबादत की,
मद्धम आंच पर सेक लूंगा,
मेरी स्याही का रंग पक्का हो जायेगा।

तू लाख बुरी सही, मगर,
तेरी अंगड़ाइयों से मुझे मुहब्बत है,
गोया की मेरी उस नज़्म के,
हर कतरे में तेरी शिरकत है,
बस छू ले मेरे खत को तू आहिस्ता से,
मेरी जुस्तजू का रंग पक्का हो जायेगा।

वो दिलकश तरन्नुम,
तेरे दुपट्टे के लहराने से,
जब मचलती है मेरे बदन में,
हर सूरत तेरी नज़र आती है, I
जो तू कह दे मुझे दुश्मन भरी बज़्म में,
मेरी उल्फत का रंग पक्का हो जायेगा।

वो शौकत तेरे हुस्न की,
बुझाती है मेरे दिल के चराग़,
थिरकते होठों की जादूगरी देख,
उस दश्त में भी कहीं लगती है आग,
जो तू गुज़रे मेरी गलियों से मुसाफिर बनके,
मेरे तसव्वुर का रंग पक्का हो जायेगा।

दरख़्त का मोल

बूढा हो चला हूँ मैं,
पत्तों की रंगत बदलने लगी है,
खड़े रहने की ताकत अब मुझमे नही,
खड़ा रहता हूँ मगर,
शायद कोई छाँव के लिए पूछ ले।

शाख भी कमज़ोर सी पड़ती हैं,
दरारों से भर गयी हैं,
खड़ा रहता हूँ मगर,
शायद कभी बिटिया झूला डाल ले।

एक आँगन में गुज़ारा है बचपन मैंने,
सब बड़ा प्यार करते थे,
तीन बच्चों में सबसे बड़ा था मैं,
आज सब दूर हो गये,
खड़ा रहता हूँ मगर,
शायद कोई प्यार से गले लगा ले,

एक दंश विभाजन का ऐसा भी झेला,
वो घर छोड़ विदा हुए सब,

कुछ इस पार कुछ उस पार,
अब कोई नही मेरे साथ खेलने को,
जड़ें भी बेहद कमज़ोर हो चली हैं,
खड़ा रहता हूँ मगर,
शायद कोई मेरा मोल पूछ ले।

और खड़ा रहूँगा मरते दम तक,
शायद तुम्हे मेरी जरूरत हो,
साथ नही छोड़ूंगा कभी,
क्योंकि मैं इंसान नही 'स्पर्श' ,
मैं एक वृक्ष हूँ।

ज़िन्दगी के रंग

ज़िन्दगी ऐसी भी है, वैसी भी,
फूल की कतरनें हैं, धूप की चुभन भी,
ज़मीन के ऊपर भी, नीचे भी,
खाली जेबें हैं, सपने हसीन,
चाहत ऐसी भी है, वैसी भी |

दिल की अमीरी है, बाकी मुफलिसी,
मुलायम सी मिट्टी में फंसे कंकड़,
कंकड़ के चारों ओर मिट्टी,
वो सूखी भी है, और गीली भी,
नजरिया ऐसा भी है, वैसा भी |

पसीने की बूंदों पे ठंडी हवा,
तपती दुपहरी में पानी की दवा,
बादलों से होते, धूप छाँव के खेल,
चाय की चुस्की और बारिश का मेल,
मौसम ऐसा भी है, वैसा भी |

मैं मनाता रहूँगा

तू रूठती रहेगी तो, मैं मनाता रहूँगा |

तू शब-ओ-सहर बस हँसती रहे,
मैं तुझपे अल्फ़ाज़ लुटाता रहूँ,
तेरी गलियों में आ आ के,
बस तुझको आवाज लगाता रहूँ,
तुझे बच्चों सा मचलते देखने के लिए,
मैं तेरे नखरे उठाता रहूँगा,
तू रूठती रहेगी तो, मैं मनाता रहूँगा |

मैं अपनी ग़ज़लों को,
तेरे होठों के रस में डुबाता रहूँ,
तेरी आँखों की उस झील में,
बस बेफिक्र गोते लगाता रहूँ,
नज़र न लगे तुझे किसी की,
मैं तेरे माथे पे काजल लगाता रहूँगा,
तू रूठती रहेगी तो, मैं मनाता रहूँगा |

तू धूप में किसी छाँव सी,
तू सहरा में किसी राह सी,

तू मेरी गोद में लेटी रहे,
मैं मुहब्बत के किस्से सुनाता रहूँगा,
तुम्हें माना है खुदा दिल-ओ-जान से मैंने,
मंदिर में तेरी तस्वीर सजाता रहूँगा,
तू रूठती रहेगी तो, मैं मनाता रहूँगा |

नया सा है

गलियारों में हर इक इंसान नया सा है,
चुनावी मौसम है, ईमान नया सा है,

जाम ज़हर तीर सैफ़ औ खंज़र,
तेरी महफ़िल में आज, इंतज़ाम नया सा है,

ढो रहे हैं गधों को अब बशर यहाँ पे,
लाज़िम है कि, निज़ाम नया सा है,

खबर थी कि बदल गया अक्स मेरा,
साबित नहीं कि, इलज़ाम नया सा है,

अभी देखे नहीं हैं सितम के सब रंग उसने,
ज़रा आहिस्ते कि, ग़ुलाम नया सा है,

जेहनियत से टपक रही है तंगदिली,
बदलो कि अब, अय्याम नया सा है |

फ़कीर

मैं फकीरी, तू मेरा फ़कीर हो जा,
मैं शायरी, तू मेरा मीर हो जा,

माँगा है सबूत जग ने इश्क़यारी का,
मैं पत्थर सही तो तू लकीर हो जा,

आ खेलें इस बिसात को इस तरह,
मैं प्यादा, तू वज़ीर हो जा,

परवाने नासमझ हैं अभी इश्क़ में,
मैं ना सही तो तू नज़ीर हो जा,

मिला इस कदर अब हाथों को,
मैं तेरी तू मेरी तक़दीर हो जा

हिम्मत

अरमानों की शाम धुंधली नज़र आती है,
जिंदगी बेखुदी में चलती चली जाती है,
रेशम के पिघले धागे उलझते हैं पैरों से,
लड़े थे कभी खुद को बचाने वो गैरों से,
ऐ वक़्त! अभी तेरा वक़्त है,
चौसर बिसात सजा ले जा,
रौशनी का एक कतरा चुरा लूंगा एक दिन,
मोड़ दे बादलों का रुख इस ओर,
बारिश में भी घर बना लूंगा एक दिन,
सफर पे निकला हूँ मस्ती में,
न राहों का डर, न काटों का डर,
मंजिलों से पहचान बढ़ा ली है,
सीने में आग जला ली है,
हर बार गिरूंगा, हर बार उठूंगा,
हर बार गिरूंगा, हर बार उठूंगा,

मां

उस पीतल की थाली में,
रखे हुए कुछ,
चावल के दानों को,
बीनने की कोशिश करता हूँ जब,
माँ, तुम बहुत याद आती हो मुझे।

धो के, करीने से इस्त्री की हुई,
मेरे स्कूल की सफ़ेद शर्ट,
और आठवीं क्लास की सर्दियों में,
तुम्हारे बनाये उस स्वेटर को,
आज भी सोचता हूँ जब,
माँ, तुम बहुत याद आती हो मुझे।

तुम्हारे साथ रसोई में,
रोटियाँ बेलने की जिद और,
मेरे माथे पे तेरे कोमल हाथों का 'स्पर्श'
आज भी सोचता हूँ जब,
माँ, तुम बहुत
याद आती हो मुझे।

पिता

बीमारी में कराहता,
सिमट आता सिरहाने पे मेरा अक्स,
इस यक़ीन में कि पापा,
सब ठीक कर देंगे।

स्कूल जाने से पहले,
हाथ फैला के मांगता,
एक टॉफी—
टॉफी से ज्यादा एक उम्मीद,
कि पापा के पास सब कुछ होगा।

नाश्ते का एक परांठा,
जो मेरी पसंद का होता,
आधा छोड़ देता,
कि पापा भी खाएंगे।

अँधेरे के डर से आँखें मूँद लेता,
फिर भी भरोसा रहता,
कि पापा जाग रहे होंगे,
उसकी हर आहट पर।

खिलौने टूट जाएँ तो,
नज़रें मेरी तरफ़ उठतीं,
क्योंकि उसके लिए,
हर चीज़ ठीक कर सकते थे—पापा।

अब बड़ा हो गया है,
जिम्मेदारियों का वजन समझने लगा है,
पर जब उसकी आँखों में सवाल होंगे,
मैं उसे वही यक़ीन दूँगा,
जो मुझे मेरे पिता ने दिया था।

यादों का तहखाना

बन के टूटा हूँ शाख से कोई पत्ता नज़र आने में,
आँधियों ने वही पेश किया है तुम्हे नजराने में,

बेतहाशा दौड़ता रहा पक्के मकानों की तरफ,
मुझे तो आसरा दिया एक कच्चे आशियाने ने,

जिसकी हिलती दीवारों ने सुनी थी शहनाई कभी,
मेरी बर्बादी का मंज़र भी देखा उसी शामियाने ने,

चिरागों की लौ जैसे ही धीमे पड़ने लगी,
अपना पता भिजवा दिया मुझे किसी मयखाने ने,

सलवटें देख जिसकी, याद आती है तेरी बार बार,
बिस्तर वो आज भी मौजूद है मेरे घर के तहखाने में,

अब समझ आया पतंगे के आग में जलने का सबब,
क्या बताऊँ! कितना मज़ा है इस आग में जल जाने में।

धुंधले फासले

आँख टपकाते अश्क बेहिसाब से,
खबर थी या धुआं था कोई,

एक दर से मांगी थी पनाह,
दीवार थी या कुआं था कोई,

हो गयी तबियत दुरुस्त सी अचानक,
दवा थी या दुआ था कोई,

आज तलक रोशन है गुलशन मेरा,
बहार थी या छुआ था कोई,

खेल बैठे आखिरी बाज़ी हम यूं ही,
जिन्दगी थी या जुआ था कोई |

नीम का पेड़

वहां एक नीम के पेड़ के नीचे,
जो एक छोटा सा घर है ,
वहां मेरी एक ग़ज़ल रहती है,
वो जब बाल संवारती है,
मेरा क़ाफ़िया संवरता है,
उस नरम घास पे पायल की छनछन,
कानों में घोलती हो मधु जैसे,
बारिश की बूंदों से कभी भीगे जो वो,
तितली की तरह उसका रंग निखरता है,
सर्द रातों की जादूगरी क्या कहूँ,
बन के शबनम माथे पे मोती चमकता है,
हर लफ्ज़ उस ग़ज़ल का,
इत्र में डूबा रहता है,
लय में गाता हूँ जब मैं उसे,
मेघ आकाश में बांसुरी बजाता है,
हर शेर उस ग़ज़ल का क़ातिल है,
खुद पढता हूँ, रोज़ मर जाता हूँ,
और कभी ख्वाबों में उसे पढ़ने के लिए,
उसी नीम के पेड़ के नीचे सो जाता हूँ,
उसी नीम के पेड़ के नीचे सो जाता हूँ|

तुम भी समझ रहे हो, हम भी समझ रहे हैं

क्यूं आज ये तराने तेरे होंठों पे सज रहे हैं,
तुम भी समझ रहे हो, हम भी समझ रहे हैं।

उस कली से पूछो, क्यूं खिली है इस सहरा में भी,
तुम भी बरस रहे हो, हम भी बरस रहे हैं।

सूरत जब भी देखो आइने में तो चले आना इधर,
तुम भी तरस रहे हो, हम भी तरस रहे हैं।

और ऐसे तो न तुम जा पाओगी, न मैं,
तुम भी पलट रहे हो, हम भी पलट रहे हैं।

आज नजदीक हो इतनी कि सांसों से देखो,
तुम भी पिघल रहे हो, हम भी पिघल रहे हैं।

अमरप्रेम की ज्वाला

एक सुखद अनुभूति ये,
मन को शीतलता देती है,
निर्बाध प्रेम की देवी हो,
हृदय निश्छलता रहती है,

चंचल, चपला, मनभावन सी,
अधरों से जब मुस्काती हो,
हृदय रुपी सितार में,
मधुवंती छेड़ जाती हो |

वर्षा की तुम हो मधुर फुहार,
वीणा का हो तुम राग मल्हार,
ललित बिहाग, चंद्रकाँस सी,
बागेश्री की हो पुकार |

हो राधा की मूरत की माला,
मतवाले प्यालों की हाला,
हो गंगाजल सा पावन 'स्पर्श'
अमरप्रेम की तुम हो ज्वाला |

रेल की पटरियां

रेल की दो पटरियां,
अनवरत चलती हुई,
जीवन की जटिलताओं से दूर,
मानो जिद हो गंतव्य तक पहुँच जाने की,

रुकावटें अनेक पड़ती हैं,
मोड़ अनेक मुड़ते हैं,
हर मोड़ पे आके कन्धा देती,
एक तीसरी पटरी,
मनो जिद हो अपना वादा निभाने की,

कभी जेठ की गर्मी में,
कभी फूस की सर्दी में,
समझौतों की रस्म अदा करती 'स्पर्श'
वो जीवन की पाठशाला,
मनो जिद हो दुनिया को पढ़ाने की।

रात हो मुलाकात हो...

रात हो, मुलाकात हो, तो कुछ बात हो,
मुहब्बत हो, मज़ाक हो, तो कुछ बात हो,

ग़ज़ल मेरी कहती है कि वो मज़ा नहीं मुझमें,
तू जो काफ़िए में उनका नाम ले, तो कुछ बात हो,

लब ही गर हिल रहे तो क्या नफ़ा,
बिन बोले जो बात हो, तो कुछ बात हो,

वो परिंदा जिसे परवाज़ का गुरूर है,
अपनी ज़र्फ़ भी देखे, तो कुछ बात हो,

दवा बहुत की है इस दर्द की ताउम्र,
कोई मर्ज़ भी देखे तो कुछ बात हो।

अपने गाँव में आए हैं

दर, दरख़्त, ज़मीं ओ ज़र फ़िज़ाओं में आए हैं,
शहर से हम आज अपने गाँव में आए हैं।

सौंधी हवा ने फिर से पुकारा है प्यार से,
छोड़कर बाज़ार हम ठहराव में आए हैं।

मिट्टी की ख़ुशबू ने लोरी सुनाई है,
बचपन की गोद वाले उन भाव में आए हैं।

चौपाल सज गई है, किस्से पुराने हैं,
अपनों की महफ़िलों की छांव में आए हैं।

नदिया के किनारे वो रेत के घरौंदे,
ख़्वाब जो भूले थे, उन ख़याल में आए हैं।

थक हार के लौटे थे बेग़ाने शहर से,
अब चैन की नींद के इक ठाँव में आए हैं।

कांटों भरी राहें भी लगती हैं गुलिस्ताँ,
मिट्टी की नरमी लिए जब पाँव में आए हैं।

हिमालय की घाटी

मैं हिमालय की उस घाटी में,
जो दुर्गम, गहन, गंभीर थी,
उतरता चला गया,
विचारों के प्रतिरूप में,
ढलता चला गया ....

जो प्रतिबिम्ब मिले थे राह में,
अतीत की चादर ओढ़े हुए,
पाँव बाहर निकालते थे,
भविष्य की थाह लेने को,
मैं उस निर्जीव रास्ते पे,
चलता चला गया,
उम्मीद के बादलों में,
घुलता चला गया ....

कुछ धुप के धुंधले,
कुछ अंधियारे से उजले,
फलक की ओर ताकते,
सूखी घास में दबे हुए,
उस पौधे से मैं,

बतियाता चला गया,
ज़मीं पे पैरों के निशान,
बनाता चला गया ।।

मेरे शहर की थोड़ी सी हवा ला दो

परिंदों गर लाना है, तो बस ये दवा ला दो,
मेरे शहर की थोड़ी सी हवा ला दो |

दो पेड़ बैठे हैं घर पे इंतज़ार में मेरे,
उनकी छाँव में थोड़ी सी जगह ला दो,

बुझ गया था वो चराग लफ़्जों से मेरे,
जो हो मेरे मुकद्दर में, वो सजा ला दो,

अख़बारों में छप रही रोज़ ये कहानी अब,
मेरी खुदगर्जी की कोई तो वजह ला दो |

तेरा ही निशाँ होगा

तुझे याद करने की सिफारिश,
तेरी यादों ने आज की है,
मुझसे छुपाने की साजिश,
बादलों ने आज की है,
ऐ हमनफ़स, चल आ,
गुलशन का थोड़ा सा वक़्त मांग ले,
तू सामने बैठी रहना,
मैं अल्फ़ाजों से तुझे सजाया करूँगा,
अपने हाथों से तेरी हंसी बिखेर के,
अपनी ग़ज़लों में लगाया करूंगा,
वो भीगे भीगे से आसमां तले,
भीगा सा पल हो, भीगा सा मौसम,
तू हौले से नंगे पाँव,
मेरे दिल में उतर जाये,
तेरे घुंघरुओं से होती छम-छम,
मेरी रूह की प्यास बुझा देगी,
जब तू महावर लगी एड़ियों से,
मेरी ज़िन्दगी में आएगी,
मेरी मुहब्बत का हर कतरा,
तेरे सिन्दूर को थपकियाँ देगा,

वो रात भी महकने लगेगी,
मेरा ख्वाब भी जवाँ होगा,
हर उस रंगीली रौशनी पे,
बस तेरा ही निशाँ होगा,
बस तेरा ही निशाँ होगा |

वसंत वंदना

गूँज रही झंकार गगन में,
स्वरमयी सारंगी-सी,
छायी है रुत पीतवर्ण,
ऋतुराज बासंती-सी।

आशीषित सूर्य किरण से,
जगमग तन-मन जीवन,
दमक रही आभा से अवनि,
अरुणिम नारंगी-सी।

दसों दिशाओं गूँज रहा,
नाद सृष्टि के स्वरों का,
पुष्प तुषार श्रृंगार कर रही,
भोर सजी कालिंदी-सी।

धरा सुशोभित स्वर्ण कुसुम से,
वाग्देवी नमोस्तुते,
बह रही सलिला ज्ञान की,
पूजनीया माँ हिन्दी-सी।

सुगंध बही मंद समीर संग,
चंपा, पलाश, कदंब लिए,
सुरभित धरा सजीव हो उठी,
प्रियतमा की मेहंदी-सी।

रेत के महल

दश्त की वीरानी में वफ़ा के मंज़र मिले,
कहीं उधड़ी ईंटें, कहीं जंग लगे ख़ंजर मिले।

धुंधलाई यादों की तपिश थी चेहरों पे,
जो टटोला ज़रा, सब दिल ही बंजर मिले।

रेत के महलों को यक़ीन था मौजों की यारी पर,
सुबह जब लौटे, तो ख़ाक-ओ-खंडहर मिले।

खोला जो हुजरा बरसों के बाद,
एक पोटली में सिक्के चंद, बंद अंदर मिले।

जो है, यहीं है, ये नसीहत याद रखना,
राहों में न जाने कितने सिकंदर मिले।

क्षणभंगुर जीवन

क्षणभंगुर जीवन का अनमना सा सत्य,
विरह वेदना या असफल भविष्य?
एक गणितीय पहेली!
सवाल हल करने का कोई सूत्र?
कोई रासायनिक अभिक्रिया!
सहउत्पाद आंसू?.....

चिरपरिचित सी स्वप्न मंजूषा,
यथार्थ का पहरा,
दो अभागे हाथ ....
संकीर्ण रास्ता,
सुनहरी मंजिल,
अवसरवादिता ......

आशावाद का बोलबाला,
अग्निपरीक्षा का समय,
एक अनसुलझा सवाल!
सदैव जीवित ......!!!

रातरानी

बह रहे हैं भाव अब चांदनी रथ पे हो सवार,
रातरानी के पुष्प से प्रिये तुम करो श्रृंगार,
घूमता है, गूंजता है, एक भ्रमर निशारस पर,
पूछ लो की शायद गा रहा हो राग मल्हार,
परिणय के इस चित्र को पटल पर सजाना होगा,
आज मिलन की रुत है, प्रिये तुम्हे आना होगा।

ज़मीर

अब तो ज़मीर का बिकना भी आम हो गया,
मेरा हर कतरा-ऐ-लहू नीलाम हो गया,

जो कहते थे कि आँखों पे बिठाये जाते हैं,
पर्दा उठते ही वो शायर बदनाम हो गया,

ये गली थी, ये मोहल्ला था, ये शहर था मेरा,
जाने क्या हुआ कि घर से निकलना हराम हो गया,

कसमें खायी थी जिसने वो गाँव बसाने की,
वो नेकदिल आज दौलत का गुलाम हो गया,

वो आयीं और सीने में खंज़र दे गयी,
मेरा भी जख्म भर गया, उनका भी इंतकाम हो गया।

आशियाँ

आ, मिल के एक आशियाँ बनालें हम,
कुछ धूप तेरे आँगन की,
कुछ छाँव मेरे आँगन की,
एक सुबह तेरे ख्यालों से,
एक शाम मेरे ख्यालों से,

नींव होगी विश्वास की,
दीवारों के कान नही होंगे,
हर दीप उजाला करेगा प्रेम का,
घर की दहलीज़ होगी त्याग की,
हर समस्या का बंटवारा होगा,

चल बनाये एक घर समर्पण का 'स्पर्श',
स्नेह की खुशबू से महके जो हरदम,
आ, मिल के एक आशियाँ बनालें हम।

रोटी की कीमत

एक ठंडी रोटी का निवाला,
चार टुकड़ों में बाँट गया,
मेरी आँखों के सामने,
उनके हलक से नीचे उतर गया,

बिना किसी योगा के,
पेट-पीठ तक आता था,
उनके माथे की लकीरों को,
शायद यही सब कुछ भाता था,

सरकारें आती वादा करती,
भूख-प्यास मिटाने की,
गेहूं चाहे न हो नसीब,
सस्ता लैपटॉप दिलाने की,

वो दिन दूर नहीं 'स्पर्श',
जब लहू बिके बाज़ारों में,
दो बूँद की कीमत दो रोटी,
लोग लगे हुए हों कतारों में

दरिया

वो दरिया भी बड़ा गहरा था,
कुछ तो छुपा था उसमें,

एक वृत्त के सहारे सहारे,
घूमती एक काली रेखा,
उस गोल काली रेखा का सीधापन,

समंदर की घुंघराली लहरें,
किनारे का खारापन,
उन दोनों के मिलन का मीठापन,

तैरती खाली बोतल,
डूबे किसी की याद के पत्थर,
उन यादों का फीकापन ।

राज़-ओ-नियाज

एक हसीं रात के सपने सजाए,
रास्ता देख रही हैं ये नीली वादियाँ,
कब तुम?
सफेद चाँदनी सी पोशाक में,
अपनी पायल से जुगनुओं की नींद उड़ाके,
मेरे ख्वाबों की देहरी पे , कदम रखोगी,
वक्त हैरान तो होगा,
ख़ामोशी परेशान तो होगी,
मगर तुम्हारी हंसी,
सब भुला देगी,
चलो आओ, कुछ देर,
राज़-ओ-नियाज की गुफ्तुगू करें,
दिलों में बहते दरिया को रास्ता दिखा दें,
यकीनन मैं तेरी इबादत से सरोबार रहूँगा |

बच्चे की नींद

गहराती रात में,
टिमटिमाती दो आँखें,
एक में सपने,
एक में भूख,

अंतर्द्वंद दोनों का,
समय के विरुद्ध,
एक आकाश में उडाता है,
एक जमीं पे लाता है,

एक पल के लिए,
सपने जीत चुके थे मगर,
भूख ने अपना जाल बिखेरा,
ला पटका सपनों को,
यथार्थ की झोली में,

माँ की कहानियां,
शायद भूख मिटा दे,
पीठ पर थपकियाँ,
शायद भूख मिटा दे,

शायद!

सब कुछ बिकाऊ है यहाँ,
सपने, हकीकत और भूख,
और बिकाऊ है,
"बच्चे की नींद"

बरसात का मौसम

ये बरसात का मौसम भी,
अब शब भर जगाता है,
मैं रहूं छत के नीचे,
बस भिगो ही जाता है,
गीली मिटटी की खुशबू से,
मैंने तेरी यादों को जोड़ा था,
तूने जो उस मिट्टी में कभी,
अपने बालों को निचोड़ा था,
ये बादल वही खुशबू दे देकर,
बस तड़पाता जाता है,
ये बरसात का मौसम भी.........
उन बूदों की गर्मी से,
मेरी रात जला करती थी,
तेरे अधरों की नरमी से,
मेरी सांस चला करती थी,
वो स्याह अँधेरा अब तो,
बहुत कुछ याद कराता है,
तेरी आँखों के काजल का,
अक्सर एहसास दिलाता है,
ये बरसात का मौसम भी..........

गुलजार

ये गुल जहाँ बरसे, वो गुलजार हुए,
हम उनकी इबादत से सरोबार हुए,

एक पौधा बोया थे उल्फत का,
न जाने कब एक से हज़ार हुए,

बिखरे तेरी जुबां से मोती हंसी के,
हम भी खुमारी के रथ पे सवार हुए,

वो चल दिए बज़्म से रुसवा होके,
हमारे दिल के टुकड़े हज़ार हुए,

लाख जतन हुए कोई दवा न लगी,
उनकी छाँव में बैठे बैठे बीमार हुए |

माटी का पुतला

चला मुसाफिर राह वो अब धीरे धीरे,
बना रहा तकदीर वो जादू, धीरे धीरे,

वो देख प्यारे लगा परिंदो के पंखों का मेला,
बन खुदा क्यूँ अकड़ रहा,तू है माटी का पुतला,

सिरफिरा तूफ़ान भी देखो आँख है दिखा रहा,
तू क्यूँ घबरा के अपनी मांद में जीता जा रहा,

बना नाव तू भी हिम्मत से धीरे धीरे,
चला मुसाफिर राह वो अब धीरे धीरे |

इंतकाम

अब तो ज़मीर का बिकना भी आम हो गया,
मेरा हर कतरा-ऐ-लहू नीलाम हो गया,

जिन्हे बिठाते थे लोग सर आँखों पे,
खबर छपते ही वो शायर बदनाम हो गया,

ये गली थी, मोहल्ला था, शहर था मेरा,
न जाने क्यूँ घर से निकलना हराम हो गया,

कसमें खायीं थी जिसने गाँव बसाने की,
वो नेकदिल आज दौलत का ग़ुलाम हो गया,

वो आयी और सीने में खंजर दे गयीं,
मेरा भी जख्म भर गया, उनका भी इंतकाम हो गया |

तूफ़ान

हर शख्स के कदम निखरते देखे हैं,
एक जाम से तूफ़ान बिखरते देखे हैं,

इंतज़ार खत्म हुआ दीद को उनकी,
हमने अभी चिलमन संवरते देखे हैं,

हाथ फैलाओ, खिड़कियां खोलो, दरवाजे खोलो,
हमने वफाओं के बादल गरजते देखे हैं,

मुमकिन है, कि वो आयें हमारी चौखट पर,
हमने आज घर के आईने तरसते देखे हैं

सजन घर आवो नी

अब तो हो गयी है ये बात, सजन घर आवो नी,
तेरे बिन किससे करूँ मैं बात, सजन घर आवो नी,

बासंती बहारों के मेले में ले चल,
जिया मोरा बोले रे दिन रात, सजन घर आवो नी,

मोहे दिलाइदे रे लहंगा अर चूनरी,
सजूँ मैं तो तेरे लिए दिन रात, सजन घर आवो नी,

मोहे तू ले चल रे, शिवजी की कुटिया,
चढ़ाये लूँ भंग मैं तेरे साथ,सजन घर आवो नी,

तेरे नाम की जो पतंग मैंने लूटी,
वो करने लगी है हवा से बात, सजन घर आवो नी,

जब जब मैं तोये ही सुपनां में देखूं,
मेरी अँखियाँ झरें बरसात,सजन घर आवो नी,

डोली थी मैं तो रे नगरिया, परदेसवा,
मिली नही तुझ सी कोई सौगात, सजन घर आवो नी,

मेरी सखियाँ भी ये बोल के जाएँ,
बहन घर जा हो गयी है रात, सजन घर आवो नी,

छत पे बैठा वो मोर भी रोवे,
फिर कब होगी रे बरसात, सजन घर आवो नी,

करे मेरी पायलिया फ़रियाद,
तोहे मेरी तनिक न आये याद,
जियरा मेरे लग रही है अब आग, सजन घर आवो नी |

उछाल

ए मुसाफिर, बता ये चाल क्या है,
तू शहर में है, ख्याल क्या है,

एक बरसे से हर जवाब तैयार रखा है,
तू पूछ तो सही, सवाल क्या है,

बीत रही रात अब घड़ियां ताकते ताकते,
इस कशमकश का, मआल क्या है,

इम्तेहान का इरादा मत रखना ए वक़्त,
जो हुआ तो बता देंगे कि उछाल क्या है।

मौसम बदल गया

वो कदम समेटे दबे पाँव,
मेरे झीने से उतर रही थी,
गर्माहट उन लम्हों की,
सर्द साये में लिपट रही थी,
मैं खड़ा किसी मोड़ पे, ठूंठ में बदल गया,
इश्क़ करने चला था कि मौसम बदल गया,

ये दीवारें भी सुनते सुनते,
सदा ऊबती रही हैं,
शायद तभी कुछ बोलने,
अब दरक सी गयी हैं,
जब सुना दीवारों को, मैं रूह तक दहल गया,
इश्क़ करने चला था कि मौसम बदल गया,

मेरे साये से जब मेरी नज़र मिली,
नाराज़ सा चल रहा था वो,
मैं खड़ा था छाँव में,
धूप में जल रहा था वो,
वक़्त की ऊंचाइयों से, मैं गिरते गिरते संभल गया,
इश्क़ करने चला था कि मौसम बदल गया |

बचपन का ज़माना

हमें अब भी वो ज़माना याद रहता है,
पूछो तो बारिश का ठिकाना याद रहता है,

सर्द दुपहरी में मां के आंचल तले,
उनकी गोद में वो सिरहाना याद रहता है,

साड़ी के पल्लू में बंधी गांठ में दो सिक्के,
खुलने पर उनका खनखनाना याद रहता है,

वो खेल में मिट्टी का कच्चा पुल बनाकर,
नीचे से हाथों का मिलाना याद रहता है,

उस कच्ची उम्र में किसी तीखे नक्श वाली का,
दबे पांव दिल में उतर जाना याद रहता है,

गुजरे लम्हातों की चटकीली रोशनियों सा,
आज भी, बहुत कुछ जाना पहचाना याद रहता है।

दरम्यां हमारे

खामोशियाँ भी हैं जनाब, दरम्यां हमारे,
बातें तो हैं ही बेहिसाब, दरम्यां हमारे,

राह में टकराती हैं, रुकती हैं अदब से,
सलीके से होता है आदाब, दरम्यां हमारे,

कुछ उनका लहू गिरता है, कुछ हमारा,
ऐसे ही पलते हैं ख्वाब,दरम्यां हमारे,

कोई रस्म निभानी थी हमें, उस पार मिले,
साझा हुआ था वो असबाब, दरम्यां हमारे |

तमन्ना-ए- दिल

कुछ कर सकते हम तो क्या बात होती,
तमन्ना-ए- दिल भी अराफात होती,

बन के शबनम बरसता सहरा में,
एक दफे फिर बहते दरिया से मुलाकात होती,

चिलमनों के स्याह अंधेरे भी जज़्ब हो जाते,
रोशनी से रूबरू मेरी कायनात होती,

वो बच्चा उसे पाकर खिलखिलाने लगता,
उस बियाबान में कुछ ऐसी वारदात होती,

मैं मुस्कुराता अपनी कब्र से लेटे हुए,
ये कोई बात न सही, मगर यही बात होती।

तिमिर

वो स्वर देखो पड़ रहा है मौन,
अस्पष्ट पदचाप जाने है कौन,
दिनकर की किरणों से हो रही है राह अब अंजान मेरी,
तिमिर से है पहचान मेरी।

हुई अंत गोधूली वेला,
सिंदूरी रज का वो मेला
रश्मि की आभा से सिंचित वो राह अब है सुनसान मेरी,
तिमिर से है पहचान मेरी।

चन्द्र निशा संग रास रच रहा,
मधुघट से अमृत बरस रहा,
शूलों के अनंत गर्त में दिख रही है पहचान मेरी,
तिमिर से है पहचान मेरी।

ख़ुशबू, रंग औ अहसास

कुदरत का ये अजब फ़साना देख कर,
भूल कर बैठे उनका मुस्कुराना देख कर,

छिपाये नहीं छिपती ये तबस्सुम उनसे,
वो शायरी हो गए हमें शायराना देख कर,

शबनम से भीगे गुलाबों का करिश्मा,
सुर्ख हो गए उनका शर्माना देख कर,

कभी ख़ुशबू, कभी रंग, कभी अहसास जैसे,
हर लफ़्ज़ में बसा उनका अफ़साना देख कर,

चाँदनी भी ठहर गई उनके नूर के आगे,
रात जागी रही बस दीवाना देख कर।

इतवार का इंतज़ार

दिन बन गया है तुमसे मुलाकात के बाद,
इतवार भी हैरान सा है शाम से आज,

चाँदनी, पानी पर मानिंद आईने के बिखर गई,
दस्तूर है, मिला दे मुझे जाम से आज,

तन्हाई में भी हलचल सी होने लगी,
तेरी याद आई है किसी पैग़ाम से आज,

दिल की दीवारों पर कुछ नक़्श बने थे,
धुंधले से हो गए हैं गुलफ़ाम से आज,

दहलीज़ पर रख आया हूँ इंतज़ार अपना,
देखें, कोई आता है मेरे नाम से आज |

www.ingramcontent.com/pod-product-compliance
Lightning Source LLC
Chambersburg PA
CBHW070553160726
48003CB00005B/2029